Plaisirs de lecture et de musique

Les éditions de la courte échelle inc.
160, rue Saint-Viateur Est, bureau 404
Montréal (Québec) H2T 1A8
www.courteechelle.com

Dépôt légal, 1er trimestre 2014
Bibliothèque nationale du Québec

La courte échelle reconnaît l'aide financière du gouvernement du Canada par l'entremise du Fonds du livre du Canada pour ses activités d'édition. La courte échelle est aussi inscrite au programme de subvention globale du Conseil des arts du Canada et reçoit l'appui du gouvernement du Québec par l'intermédiaire de la SODEC.

La courte échelle bénéficie également du Programme de crédit d'impôt pour l'édition de livres — Gestion SODEC — du gouvernement du Québec.

Catalogage avant publication de Bibliothèque et Archives nationales du Québec et Bibliothèque et Archives Canada

Paré, Roger

Plaisirs de lecture et de musique

2e éd.
(Les plaisirs; 5)
Publ. antérieurement sous les titres: Plaisirs de lire / texte de Simone Leroux. 2005; et, Plaisirs de musique. 1999.
Pour enfants de 2 ans et plus.
ISBN 978-2-89695-219-9
I. Leroux, Simone, 1939- . Plaisirs de lire. II. Titre. III. Titre: Plaisirs de musique. IV. Collection: Paré, Roger, 1929- . Plaisirs; 5.

PS8581.A697P5233 2013 jC843'.54 C2012-941210-4
PS9581.A697P5233 2013

Imprimé en Chine

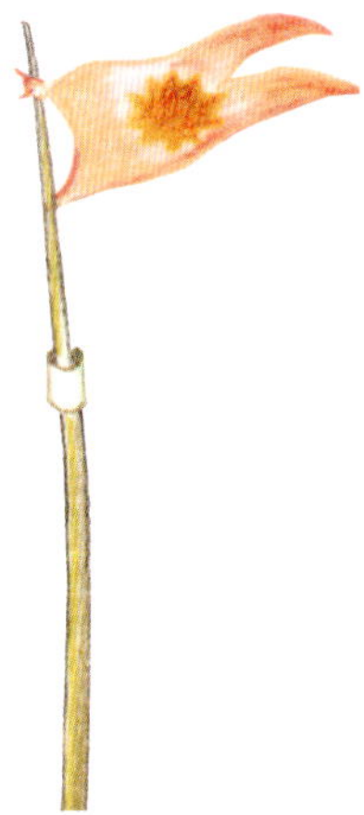

Roger Paré

Plaisirs de lecture et de musique

la courte échelle

Plaisirs de lecture

Texte de Simone Leroux

À Nathan Gill Fuoco
S.L.

À Alexis Mailhot Chevrier
R.P.

Je suis la vache qui lit
Un doux matin d'été
J'ai un ami chanteur
Qui vient me visiter

Je suis le chat qui lit
L’histoire d’une souris
Le très gros chat qui voit
Les souris qui s’enfuient

Je suis le chien qui lit
Toutes voiles dehors
Et d’une vague à l’autre
Je traverse l’océan

Je suis le cochon qui lit
Sur un vélo rouge et gris
Ballotté par les nuages
Je découvre l’univers

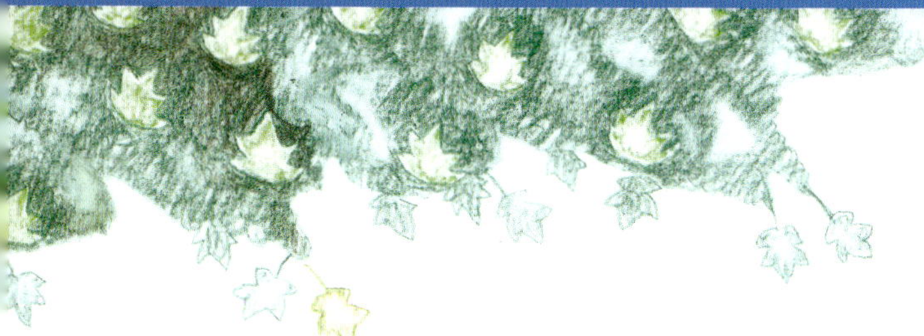

Je suis tous les animaux
Du plus petit au plus gros
Je suis dans tous les livres
J'ai peur, je pleure, je ris

Je suis l'ourson qui lit
Au creux d'un cerisier
Un hibou qui observe
Caché comme un secret

Je suis le singe qui lit
Gourmand plein d’appétit
Qui aimerait bien goûter
Aux fruits du bananier

Je suis l'éléphant qui lit
Le livre de la jungle
Sur un radeau de rêves
Qui vogue vers l'avenir

Je suis le chat qui lit
En bonne compagnie
J'explore les continents
Le nez aux quatre vents

Je suis le monstre qui lit
Et les grenouilles curieuses
De trouver dans les livres
Tout le plaisir de lire

Plaisirs de musique

Texte de Roger Paré, avec la collaboration de Bertrand Gauthier

À Nathalie

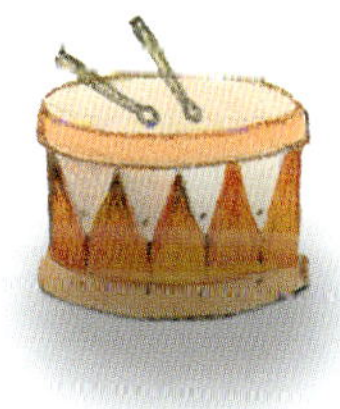

À l’arrivée de Camille
et de sa drôle de famille
Margot s’est mise au piano
pour jouer un concerto.

Tambour trompette et trombone
dans tout le village résonnent
riez sautez et chantez
c'est le temps de fêter.

Ma soeur Monique
est un peu excentrique
elle joue des airs folkloriques
sur sa guitare électrique.

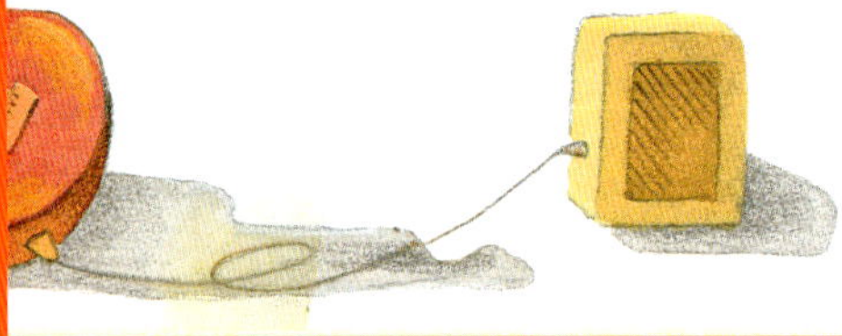

Mimi et Lili trouvent rigolo
de s'amuser sur un piccolo
et de taquiner leur chouchou
le séduisant Gros-Minou.

Mesdames messieurs applaudissez
le maestro fait son entrée
plus personne ne doit parler
le concert va commencer.

Pour ma douce amie Lison
une toute petite maison
pour mieux se cacher
et mieux écouter.

Voici mon copain
le fameux musicien
au grand festival
des joueurs de timbales.

Arnaud l’éléphant est un amour
et il est absolument charmant
car il me laisse battre le tambour
sur son ventre bedonnant.

Oncle Fernand est guitariste
dommage qu'il ne soit pas pianiste
et le cousin Victor est chanteur
dommage qu'il ne soit pas meilleur.

Pour ces petites souris coquines
une harpe comme trampoline
alors que leur amie Célestine
joue une musique divine.